深圳市城市轨道交通协会团体标准

导轨式胶轮系统全自动运行线路运营管理规范

Specifications for operation management of fully automatic-operating guideway rubber-tyred tram system

T/URTA 0004—2021

人民交通出版社股份有限公司

北京

图书在版编目(CIP)数据

导轨式胶轮系统全自动运行线路运营管理规范：T/URTA 0004—2021 / 广州地铁设计研究院股份有限公司等主编. — 北京：人民交通出版社股份有限公司，2023. 1

ISBN 978-7-114-18434-5

Ⅰ. ①导… Ⅱ. ①广… Ⅲ. ①导轨—电车—自动驾驶系统—运营管理—规范—中国 Ⅳ. ①U482-65

中国国家版本馆 CIP 数据核字(2023)第 001693 号

标准类型：深圳市城市轨道交通协会团体标准
标准名称：导轨式胶轮系统全自动运行线路运营管理规范
标准编号：T/URTA 0004—2021
主编单位：广州地铁设计研究院股份有限公司
比亚迪股份有限公司　等
责任编辑：李　坤
责任校对：赵媛媛
责任印制：张　凯
出版发行：人民交通出版社股份有限公司
地　　址：(100011)北京市朝阳区安定门外外馆斜街 3 号
网　　址：http://www.ccpcl.com.cn
销售电话：(010)59757973
总 经 销：人民交通出版社股份有限公司发行部
经　　销：各地新华书店
印　　刷：北京交通印务有限公司
开　　本：880 × 1230　1/32
印　　张：1.25
字　　数：32 千
版　　次：2023 年 1 月　第 1 版
印　　次：2023 年 1 月　第 1 次印刷
书　　号：ISBN 978-7-114-18434-5
定　　价：22.00 元
(有印刷、装订质量问题的图书，由本公司负责调换)

深圳市城市轨道交通协会文件

深轨交协〔2021〕20号

关于批准发布《导轨式胶轮系统全自动运行线路运营场景规范》等3项团体标准的通知

各有关单位：

依据《深圳市城市轨道交通协会团体标准管理办法》的有关规定，由深圳市城市轨道交通协会提出并归口管理的《导轨式胶轮系统全自动运行线路运营场景规范》(T/URTA 0003—2021)、《导轨式胶轮系统全自动运行线路运营管理规范》(T/URTA 0004—2021)、《导轨式胶轮系统全自动运行线路初期运营安全评估基本条件》(T/URTA 0005—2021) 等3项团体标准，已履行全部制定程序并通过专家组审查，现予批准发布，自2021年9月28日实施。

特此公告。

深圳市城市轨道交通协会

2021年9月28日

目　　次

前　　言

本文件按照 GB/T 1.1—2020《标准化工作导则　第1部分：标准化文件的结构和起草规则》的规定起草。

请注意本文件的某些内容可能涉及专利。本文件的发布机构不承担识别这些专利的责任。

本文件由深圳市城市轨道交通协会提出。

本文件由深圳市城市轨道交通协会归口。

本文件起草单位：广州地铁设计研究院股份有限公司、深圳市市政设计研究院有限公司、北京城建设计发展集团股份有限公司、林同棪国际工程咨询(中国)有限公司、深圳前海铁区投资咨询有限公司、深圳地铁国际投资咨询有限公司、深圳市东部城市轨道交通投资建设有限公司、深圳市龙岗区新轨道交通管理有限公司、深圳市龙华建设发展集团有限公司、重庆云巴轨道交通运营管理有限公司、深圳比亚迪轨道交通运营有限公司、比亚迪勘察设计有限公司、比亚迪建设工程有限公司深圳分公司、比亚迪股份有限公司。

本文件主要起草人(按姓氏笔画排序)：丁强、丁先立、万启波、马龙飞、马忠义、王田坡、王松权、王彦利、方东明、古宇标、龙伟海、田连生、田继强、冯京波、朱志伟、刘永波、刘其善、刘秋生、刘晓迎、刘瑞联、刘德志、许莹、麦为明、麦福荣、杜伟、李勃、李继、李慧、李文钦、李国栋、李保林、李斯新、李新程、杨帆、吴刚、吴坤、吴志添、吴金然、邱明江、何全、余海涛、谷素斐、张昳、张涛、张静、张亚光、陈小林、林钢、卓文海、易洪、泽仁洛桑、赵伟、赵阳、赵娟娟、胡扬伟、钟文文、袁虎林、夏广清、晏艳珍、徐晓波、郭淑萍、黄伟林、黄志平、黄隆飞、崔英杰、梁峰、宿李、蒋亚男、曾跃权、温强、谢宗桀、谢建良、谢新华、廖文彬。

本文件主要审查人：陈穗九、谢伟、汤石男、王强、生金文、葛纯、王肃伏、覃斋、洪澜。

导轨式胶轮系统全自动运行线路运营管理规范

1 范围

本文件规定了导轨式胶轮系统全自动运行线路运营管理的总体要求、行车组织、客运组织与服务、综合车场管理、车辆管理、机电设备管理、土建设施管理、人员管理、安全管理等方面的要求。

本文件适用于全封闭的导轨式胶轮系统全自动运行线路的运营管理。

2 规范性引用文件

下列文件中的内容通过文中的规范性引用而构成本文件必不可少的条款。其中,注日期的引用文件,仅该日期对应的版本适用于本文件;不注日期的引用文件,其最新版本(包括所有的修改单)适用于本文件。

GB 3096 声环境质量标准

GB 8978 污水综合排放标准

GB/T 16275 城市轨道交通照明

GB/T 22239 信息安全技术 网络安全等级保护基本要求

GB 25201 建筑消防设施的维护管理

GB/T 34146 电梯、自动扶梯和自动人行道运行服务规范

GB 50157 地铁设计规范

TSG T5002 电梯维护保养规则

3 术语和定义

下列术语和定义适用于本文件。

3.1

导轨式胶轮系统 guideway rubber-tyred tram system

采用导轨式胶轮车辆作为乘客运载工具的系统。

3.2

导轨式胶轮车辆 guideway rubber-tyred tram

在专用轨道梁上运行,采用橡胶轮走行和导向,可编组运行的电动车辆。

3.3

全自动运行线路 fully automatic operation line

有人值守或无人值守的全自动运行的城市轨道交通线路。

3.4

全自动运行区域 fully automatic operation area

具备列车自动进站停车、自动开关门、自动发车、自动折返、自动出入场、休眠、唤醒、自动调车和自动洗车等全自动运行功能的区域。一般包括正线、折返线、渡线、停车线、出入场线、洗车线。

3.5

司乘人员 driver and conductor

负责车站及列车客服组织、现场运行监控、应急处置等工作的人员,集成了传统乘务员与站务员的岗位职责。

3.6

非全自动运行区域 not fully automatic operation area

不具备全自动运行功能的区域。一般包括检修线。

3.7

转换区域 transfer area

用于列车在全自动运行区域和非全自动运行区域之间进行模式转换的区域。

3.8

无人值守　stafferless operation

列车上或车站不设置固定岗位工作人员，以运营控制中心远程监控管理为主，辅以流动巡查。

3.9

综合车场　integrated depot

设有车辆停车线、检修线、洗车线等设施，承担车辆的日常停放、充电、维护、检修和清洁作业，承担设备、机具及工程车的维修作业，并兼具行政、技术和物资管理的综合场所。

3.10

运营控制中心　operation control center

对运营实施远程监控和集中管理的场所。

3.11

调度人员　controller

具备调度作业资格，从事调度、列车及设备远程监控、远程乘客服务工作的人员。

3.12

智能运维系统　intelligent operation and maintenance system

支持运营人员日常运营维护活动的信息化系统。

4　缩略语

下列缩略语适用于本文件。

DTO：Driverless Train Operation，有人值守的全自动运行

UTO：Unattended Train Operation，无人值守的全自动运行

UPS：Uninterrupted Power System，不间断电源系统

5　总体要求

5.1　运营单位应保障导轨式胶轮系统安全、有序、高效运营，为

乘客提供安全可靠、便捷高效、经济准时的服务。

5.2 运营单位应根据线路条件、系统功能、设施设备运行表现、人员素质、制度完善程度进行综合评估，确定全自动运行线路开通时的运行模式。线路在开通时应达到或逐步达到全自动运行模式。

5.3 运营单位应建立适应全自动运行线路的运营组织机构，设置行车组织、客运组织与服务、设施设备维护、安全、应急救援、培训和物资保障等部门，制定切实可行的运营组织管理程序。

5.4 运营单位应明确生产、技术、管理等运营岗位职责，并具有齐备的具备岗位资格的运营人员。

5.5 运营单位应建立健全全自动运行线路的安全管理、行车组织、客运组织与服务、设施设备运行维护、车站与综合车场管理、应急预案、培训、物资保障等规章制度和操作办法。

5.6 运营单位应制定运营生产计划，跟踪计划的执行情况，并对计划进行调整和优化。

5.7 运营单位应根据客运量需求、运营目标等制定年度运输计划，并应根据实际客运量增长情况调整相应年度的运能规模，配置车辆、设施设备和运营人员。

5.8 运营单位宜对设施设备采用全寿命周期管理，并对设施设备状态进行分析与评估，确保设施设备在设计使用年限内满足安全性、可靠性、可用性、可维护性和经济性的要求。

5.9 运营单位应建立备品、备件、周转件、工具、装备、仪器仪表等管理制度。

5.10 运营单位应建立资产管理体系，并应加以实施和维护。

5.11 运营单位应建立施工作业管理体系，执行施工作业审批制度。运营单位在组织施工作业时应避开运营繁忙时段，减少对正常运营工作的干扰。

5.12 运营单位运营期间应防止对线路周边产生环境污染和生态破坏，并应符合下列规定：

a) 列车运行引起的噪声影响，符合 GB 3096 的有关规定；

b) 车站和综合车场的污水排放,符合 GB 8978 的有关规定。

5.13 运营单位应统计主要运营指标,包括但不限于附录 A 所列内容,并进行分析评价。

6 行车组织

6.1 一般要求

6.1.1 行车组织应集中管理、统一指挥。

6.1.2 行车组织工作应实行 24 小时制,行车时间应以北京时间为标准,应从零时起计算,零时以前办妥的行车手续在零时以后仍应视为有效。

6.1.3 列车在双线区段应按右侧单方向组织行车。

6.1.4 运营单位应根据全自动运行线路运营场景制定正常情况、非正常情况和应急情况下的行车组织、列车控制与运行管理模式,并应制定突发事件应急处理预案。

6.1.5 运营单位应根据行车线路的线路条件、设备条件,制定行车组织管理规则。

6.1.6 运营单位应制定列车轮充计划和充电管理细则,监控列车用电状态,组织列车充电。

6.1.7 运营单位应根据列车最高运行速度要求、线路限速条件制定相应的列车运行速度标准,列车运行速度不得超过允许的最高运行速度。

6.1.8 运营单位应根据信号系统技术水平、线路参数、车辆性能和道岔限速等技术条件确定线路通过能力和折返能力。

6.1.9 运营单位应根据线路设计运能和客流量现状需求,结合设备技术条件,编制行车计划和列车运行图。

6.1.10 行车计划和列车运行图在实施过程中不得随意更改,如需调整或优化,应严格执行审批程序。

6.1.11 运营单位应按照正线和综合车场的全自动运行功能部

署情况进行全自动运行区域管理。

6.1.12　全自动运行线路司乘人员的覆盖程度应能满足车站区域和列车内的应急响应要求。

6.1.13　运营单位对全自动运行线路应明确故障远程处置与现场处置的优先级。

6.2　调度指挥

6.2.1　运营单位应在运营控制中心配置符合要求的管理人员。运营控制中心应承担全线列车运行、设备运行、乘客乘车情况的远程监控和调度指挥工作。

6.2.2　综合车场施工组织、行车组织等调度指挥工作宜统一纳入运营控制中心管理。

6.2.3　运营控制中心宜设置值班主任、行车调度员、设备调度员和乘客调度员等调度岗位，并应规定岗位职责内容。根据线路实际情况，运营控制中心可设置兼具多项调度岗位职责的综合调度岗位。

6.2.4　正常情况下，调度指挥模式应以系统全自动运行为主，非正常或应急情况下可转为非全自动运行。

6.2.5　运营控制中心应按列车运行计划组织行车，时刻监控线路列车的进站、发车、区间运行、运行电量等运行情况。

6.2.6　运营控制中心应承担应急事件的指挥处置工作。运营单位应明确运营控制中心调度指挥的职责和权限。

6.2.7　运营事故、设备重大故障、突发事件以及灾害事件的信息上报及传递，应遵循“快速准确、有序汇报、协调配合、统一发布”的原则。

6.3　列车运行

6.3.1　DTO 模式下，运营单位应配备列车值守司乘人员。

6.3.2　DTO 模式下，调度人员和列车值守司乘人员应监护列车运行；遇到非正常及应急情况时，现场及时介入优先处置，调度人员远程配合。UTO模式下,调度人员应远程监视列车运行,司乘人员按要求巡视;非正常及应急情况时,应根据实际情况确定远程与现场处置的优先级和配合方式,并制定预案或处置方案。

6.3.3 巡道车宜采用非全自动运行模式运行。

6.3.4 运营单位应制定设施设备故障、列车救援、反向运行、列车退行、线路水淹、火灾、恶劣天气等非正常及应急情况下的行车组织办法和应急预案,并应规定岗位的操作流程和行车安全注意事项。

6.3.5 运营控制中心启动降级模式前,调度人员应详细了解现场情况,核实启动条件。

6.3.6 调度人员在进行故障或灾情远程确认及复位前,应与司乘人员或乘客核实现场情况。

6.3.7 非正常及应急情况下采用人工驾驶模式时,司乘人员应按照行车调度指令行车,不间断确认进路情况,严格控制运行速度,严禁超速,确保行车安全。

6.3.8 当列车在区间发生故障无法动车时,调度人员宜组织救援列车连挂故障列车运行到就近车站,或组织乘客区间疏散。

6.3.9 当列车在区间发生火灾时,调度人员应尽量组织列车运行至就近车站疏散乘客,并组织救援;当列车不能维持运行进站或继续运行无法确保安全时,调度人员应组织乘客区间疏散。

6.3.10 当列车上发生乘客跌倒、摔伤、夹人夹物等紧急情况时,司乘人员应按预案及时处置。

6.3.11 对于需要下线充电的列车,运营单位应在终点站组织清客。

6.3.12 运营单位应加强对列车全自动运行新增风险点的监控,对乘客乘降过程进行监视,发现故障或异常应及时处理。

6.4 综合车场行车组织

6.4.1 综合车场的行车组织应按照车场运作管理制度和调车作业流程开展。

6.4.2 综合车场接发车作业宜在全自动运行区域进行。

6.4.3 运营单位应明确全自动运行列车与非全自动运行列车在转换区域进行模式转换时的规则与程序。

6.4.4 转换区域调车作业应采用人工方式组织调车。

6.4.5 调度人员应根据车场内列车的电量情况,安排列车充电,确保列车电量充足并停放在综合车场指定位置,满足列车上线要求。

7 客运组织与服务

7.1 一般要求

7.1.1 运营单位应制定全自动运行线路客运服务制度,编制客运组织方案、突发事件处置程序,满足不同运行模式的需求。

7.1.2 运营单位应建立和组织实施公共卫生管理制度,管理制度应包括对车站、车厢清洁和消毒的规定。

7.1.3 运营单位宜针对各车站客流情况,采用有人值守或无人值守模式,并进行站区管理。

7.1.4 运营单位应制定客运服务应急预案,应包括大客流组织、客伤、人员紧急疏散等预案。

7.1.5 运营单位应制定车站运作细则,应包括车站巡查作业流程、客流组织、事件处置对策和乘客自助服务的引导措施等。

7.1.6 当车站采用无人值守模式时,运营单位应安排司乘人员对车站进行巡查,遇设备故障或应急情况时应及时按预案处理。

7.1.7 运营单位应开展信息发布、求助对讲和客流监测等客运服务工作。

7.1.8 运营单位应提供统一服务电话及问询服务。

7.1.9 运营单位应通过多种形式向乘客宣传全自动运行系统的安全乘车理念和突发事件应急知识。

7.2 客运组织

7.2.1 运营单位应分别制定全自动运行线路不同运行模式的客运组织分级管控机制及管理措施。

7.2.2 运营单位应向乘客宣传和发布各类客运信息,并应符合下列规定:

a) 广播用语以普通话为基本服务语言,可提供方言、英语服务,表达规范、清晰、准确。

b) 车站广播文明乘车、安全乘车等信息;列车进站时,车站广播列车开行方向、安全乘车等信息;换乘站广播换乘信息。

c) 列车到站时,列车广播到达站站名;列车启动后,列车广播前方到站站名;前方到站为换乘车站时,广播换乘信息;前方到站前,提前告知乘客开启的车门。

d) 列车开关门时,通过声音和警示灯提醒乘客注意安全。

e) 当列车需要清客或不停车通过车站时,提前通过车站和列车广播告知乘客。

f) 车站关站前,车站提前广播当天运营结束和关站信息。

g) 发生需要疏散乘客的突发事件时,运营单位通过广播告知乘客,并引导乘客疏散。

h) 运营单位因设施设备严重故障等情况需停运或改变运输组织方式时,及时发布公告。

i) 当遇到大型公众活动,或暴雨、暴雪、冰冻、大雾、大风等恶劣天气,运营单位需采取限流、越站、封站、暂停运营等措施时,提前发布公告。

7.2.3 运营单位应在车站入口处张贴禁止携带可能影响公共安全的枪支弹药、管制器具以及爆炸性、易燃性、放射性、毒害性、腐蚀性等危险物品进站乘车的警告标志。

7.3 乘客服务

7.3.1 运营单位应通过标识、广播、提示音、乘客信息显示、视频设备等多种方式为乘客提供客运服务及安全应急等信息,满足全自动运行客运服务质量要求。

7.3.2 乘客服务应包括下列内容:

a) 维护车站秩序,组织乘客有序乘降,客流较大时采取适当管控措施;

b) 提供售票、检票、退票、补票等票务服务;

c) 处理乘客投诉、乘客纠纷,回答乘客咨询;

d) 提供无障碍乘车服务;

e) 发生应急事件时引导乘客疏散至安全区域。

7.3.3 DTO 模式下,列车值守司乘人员应为客室乘客提供问询、为特殊乘客提供帮助、进行终点站清客作业等服务;UTO 模式下,调度人员应根据乘客需求通过可视对讲、视频监控系统、远程广播等辅助手段为客室内乘客提供问询、帮助、清客服务,司乘人员在巡查过程中为乘客提供服务。

7.3.4 运营单位应加强服务管理,改进和提高客运服务质量,并采取下列措施:

a) 加强员工业务培训,取得相关岗位资格证;

b) 提高员工的规范服务技能和业务水平;

c) 建立与乘客沟通渠道,加强与乘客沟通;

d) 建立投诉监督机制,接受社会监督。

7.3.5 运营单位应制定客运组织服务标准,为乘客提供符合规范的服务、候车环境和乘车环境。

7.3.6 运营单位应进行服务质量考核与管理,制定考核管理制度,开展考核工作。

7.3.7 运营单位应在站厅、站台和列车内明显位置公布监督投诉电话。

7.3.8 运营单位应设置受理和处理乘客投诉的专职机构和专职

人员。

7.3.9 运营单位接到乘客投诉后,应在1个工作日内处理,7个工作日内处理完毕,并应将处理结果告知投诉人。

7.4 票务管理

7.4.1 车票定价方式可采用单一票制、分区票制等,运营单位应公布票价方案。

7.4.2 运营单位应制定维持正常服务、乘车秩序、票务收益安全的票务规则。

7.4.3 运营单位应提供单程票、储值票以及与政府公共交通优惠政策相匹配的优惠票种等多种类型车票。

7.4.4 运营单位应规范票务管理,应制定日常票务操作、收入清分及收益安全管理等规定。

7.4.5 运营单位应向乘客发布票务须知,票务须知应包括下列内容:

a) 车票的基本使用要求,含售票及进出站使用规定、特殊人群乘车规定等;
b) 车票优惠规则;
c) 正常运营情况下,乘客在使用过程中车票出现超时、超程、过期或乘客无票乘车时的服务规则;
d) 非正常运营情况下,因晚点、运营故障等原因导致乘客不能正常持票出站的车票处理方式。

7.4.6 运营单位应制定票务规章及手册,票务规章及手册应包括下列内容:

a) 票务收益审核流程、结算规则以及票务收益安全的管理规定;
b) 票务差错、票务违章处理手册;
c) 票务稽查处理办法;
d) 乘客无票乘车、违规使用优惠票卡等异常乘车情况的处理规定;

e) 车站自动售检票设备故障、运营晚点、列车越站、车站清客、车站火灾等特殊情况下的票务应急处理程序。

7.4.7 在无人值守的车站,运营单位应提供乘客自助的售检票服务。

7.5 导向标识

7.5.1 运营单位应在车站和列车上设置运营线路图,提供首末班车时间、运行方向、到站和换乘信息,并应在站台上向乘客提供列车到达时间信息。

7.5.2 车站各类导向标识应清晰、完整,并应保持正常工作状态。在出入口、通道的明显位置应设置清晰的导向标识,在车站禁入区域应设置禁入标识和阻挡外界人、物进入的防范设施。

7.5.3 车站广告、商业设施、宣传品等不应遮挡导向标识,不应影响车站行车和客运组织。

7.5.4 运营单位应在车站设置地面消防逃生标识、墙面消防逃生标识,应在列车内部设置车门警示标识、灭火器标识、逃生通道门标识等安全标识。

7.5.5 运营单位应在出入口、站厅、站台、车厢等醒目位置设置禁止行为、违禁物品等禁止标识。

7.5.6 运营单位应在乘客自助、救助及远程服务等客运服务终端处设置醒目标识及使用指引。

8 综合车场管理

8.1 运营单位应制定综合车场行车组织、调车作业、设施设备维护维修及应急抢修等生产活动管理制度,并应制定综合车场内各类设备的管理制度、检修规程、操作规程。

8.2 综合车场作业应包括下列内容:

a) 行政管理、技术管理、物资管理和后勤管理;

b) 配属列车停放、编组、清扫洗刷及消毒;

c) 配属列车维护保养、故障检修；

d) 综合车场内检修设备、特种设备、工器具的维修，机动车辆的停放、运用、整备及维修；

e) 供电、通信、信号、防灾报警、给排水、通风空调等机电设备的维修；

f) 设施设备维修养护材料和工器具存储管理。

8.3 运营单位应制定综合车场消防设施管理与维护制度，并应确保消防设施保持正常工作状态。

8.4 运营单位应负责综合车场的警戒、监控管理。

8.5 综合车场大型物件装卸场地和运输出入线路应保持畅通。

8.6 应急救援设备、器材、物资和专用汽车等应保持正常工作状态。

8.7 运营单位应制定综合车场防护分区的管理制度，应保证各防护分区间的物理隔离和联通部位的门禁保持正常工作状态，还应保证警示标识醒目。

8.8 运营单位应对综合车场全自动运行区域和非全自动运行区域进行分区管理，对全自动运行区域应进行全封闭管理，并应保证转换区域保持正常工作状态。

8.9 工作人员进入防护分区时应激活人员防护开关，建立相应封锁区域；关闭人员防护开关前应确保所有人离开封锁区域。

8.10 车辆检修设备的管理应符合下列规定：

a) 运营单位应制定车辆检修设备的管理制度、检修规程，并应建立车辆检修设备台账；

b) 车辆检修设备应由专业人员管理和维护，保持正常工作状态；

c) 仪器、仪表、测量器具及工器具应根据规定的周期进行计量校准或检定；

d) 特种设备应由具备资质的专业单位或人员维护保养，并应进行安全检测。

9 车辆管理

9.1 车辆运用管理

9.1.1 运用车应满足当日运行图上线列车数量要求。

9.1.2 车辆检修人员应按照发车计划提前安排运用车,确保运用车状态良好,符合列车上线标准。

9.1.3 列车应满足车辆载客安全、列车资产安全和环境影响安全的要求。

9.1.4 运营单位应保证车辆履历本、列车驾驶操作手册、故障诊断手册等资料齐全。

9.1.5 运营单位应保证列车上的安全标识、引导标识、无障碍设施、广播设备、应急装置、对讲设备和灭火器等保持正常工作状态。

9.1.6 运营单位应制定列车卫生保洁制度,规定列车车体和客室的保洁周期,定期对列车进行保洁。

9.1.7 新造、检修或维修后的车辆,应检验、整备合格后,方可作为运用车。

9.1.8 车辆的制动、牵引、车门、转向架等部件发生危及行车安全的故障时,车辆应按清客下线标准立即退出运营。

9.2 车辆维护管理

9.2.1 运营单位应建立车辆维修管理制度、车辆维修台账、车辆故障记录等,并应对故障信息进行分析、纠正和预防。

9.2.2 运营单位应组织编制车辆维护规程,车辆维护规程应包括维护项目、维护周期、维护流程、维护工艺及技术标准、质量与安全控制要求、维护验收等内容,对关键工序的作业程序、注意事项及检查标准等应作详细规定。

9.2.3 运营单位应建立车辆维修基础资料档案,基础资料档案应包括车辆履历本、维修手册、操作手册、车辆各系统零件目录、车辆各系统部件功能描述、车辆电器部件接线图、车辆液压系统原理图、车辆部件拆装工艺和流程等技术文件。

9.2.4 运营单位宜建立车辆全寿命周期维修电子记录与电子健康档案,宜记录车辆在维修过程中的车辆车号、维修时间、故障描述、配件更换情况、维修项目等维修信息与车辆技术状态信息。

9.2.5 运营单位应制定受季节性或特殊气候影响的车辆系统或车辆部件的针对性维修规程。

9.2.6 运营单位应对运行公里数或运行时间与整车维修规程不匹配的车辆主要部件制定针对性维修规程。

9.2.7 运营单位应按车辆检修要求对车辆进行检修。

9.2.8 车辆保养、维修、更新改造应与信号、通信等系统协调与配合,应满足与各系统设备间的联动功能要求,并应与设备升级具有良好接口条件。

9.2.9 运营单位宜采用车辆智能维护平台,对车辆进行在线健康检测和故障(隐患)远程诊断。

9.2.10 车辆的废旧轮胎和动力电池应由专业单位进行回收处理。

10 机电设备管理

10.1 一般要求

10.1.1 运营单位应制定机电设备的运维管理制度,运维管理制度应包括操作规程、维护保养规程、故障处理预案等。

10.1.2 维护保养规程应规定检查、保养和维修的计划、范围、内容、模式和周期。

10.1.3 运营单位应制定满足全自动运行要求的运维管理制度,并应规定系统接口分界和维护范围。

10.1.4 运营单位应制定施工作业管理制度,规定施工作业计划及请销点流程、安全防护措施、动火作业要求等。

10.1.5　运营单位应制定委外管理制度，明确委外维护保养及服务提供单位的安全管理职责、人员安全培训和上岗条件、应急响应和救援等相关要求，对重点检修项目进行日常监督检查和验收。

10.1.6　运营单位应建立机电设备的基础资料档案和运维档案。基础资料应包括采购合同、竣工资料、操作手册、维护保养手册、培训手册、设备台账、产品技术文件、产品合格证、出厂检验报告、安装测试验收报告、验收遗留问题及整改清单，以及安装、改造、移装、重大维修的资料；运维档案应包括易损件清单、日常维修记录、设备故障记录和统计分析等。

10.1.7　运营单位应对系统的重要数据进行备份，禁止非授权对系统设置进行修改，不得在系统中使用与系统运行无关的存储介质及软件。

10.1.8　运营单位应对紧急操作设备设置警示标识，并应进行视频监控和巡查。

10.1.9　运营单位应对全自动运行系统的单点非冗余设备、安全防护设备等影响行车的关键设备的运行状态进行监测和分析。

10.1.10　运营单位应根据机电设备使用年限、运行状况评估结果等，制定设施设备的更新改造方案，方案经评估通过后，方可实施更新改造。

10.1.11　机电设备采用新技术、新工艺、新材料、新设备前，运营单位应进行安全风险评估，经安全风险评估通过后，方可应用。

10.2　供电系统

10.2.1　当变电所装设有两台变压器且运营中一台变压器退出运行时，另外一台变压器应满足道岔、通信、信号、消防、运营控制中心、列车充电等重要负荷的用电要求。

10.2.2　供电系统的继电保护装置和自动装备应保持正常工作状态。

10.2.3 运营单位应保证人员停留、通行和工作场所的常规照明和应急照明保持正常工作状态，并应每年测量照度，照度值应符合 GB/T 16275 的有关规定。

10.2.4 运营单位应对电能质量进行监测，对电能进行计量、统计和分析，并应采取节能或储能再用措施。

10.2.5 运营单位应每年检查变电所设备和列车接地回路连续性，接地标识应齐全、清晰，并应配备安全接地工具。

10.2.6 运营单位应检查并封堵电缆孔洞，安装防鼠板，悬挂电缆走向标识牌。

10.2.7 运营单位应对列车充电设备制定充电管理办法。

10.3 通信系统

10.3.1 通信系统应保持正常工作状态，满足调度指挥、应急抢险、票务客服、信息传送和安全保障的功能要求。

10.3.2 通信系统的后备电源应保持正常工作状态。

10.3.3 通信设备机房的温度、湿度和防电磁干扰应符合 GB 50157 的有关规定。

10.3.4 乘客信息系统发布的信息应安全可靠，并应优先提供运营和紧急信息的发布。

10.3.5 列车内乘客与运营控制中心紧急通话设备应保持正常使用状态，标识清晰。

10.3.6 运营单位对 UPS 电源进行检修作业时，应保证通信传输网的稳定。

10.3.7 重点防护区域、重点部位和无人值守场所的视频监控系统应 24 h 不间断运行。视频监控的录像资料保存期限不应少于 90 d。

10.3.8 运营单位宜制定视频监控录像资料调取的管理制度。

10.3.9 门禁系统宜采用多级管理模式，应根据场所及人员设置权限。

10.3.10 门禁系统与火灾自动报警系统的联动功能应保持正

常,且应满足消防疏散的要求。

10.4 信号系统

10.4.1 信号系统应保持正常工作状态,并应满足安全运行的要求。

10.4.2 信号系统的信息安全防护功能应保持正常,并应符合 GB/T 22239 的有关规定。

10.4.3 信号系统中涉及行车安全的硬件及软件未经审批不应减弱或变更,需要减弱或变更时应提前获得安全认证。软件版本更换需进行审批及严格测试。

10.4.4 运营单位应记录信号系统设备运行信息,生成故障统计报表,并应对信号系统的设备监控和报警信息进行专项分析和整理。

10.4.5 运营单位对信号系统设备进行维修后,应检查相关设备开关、铅封的状态,并应由检修人员复原。

10.5 综合监控系统

10.5.1 综合监控系统应保持正常工作状态,并应满足安全运行的要求。

10.5.2 运营单位应建立综合监控系统测试与维修制度,宜制定中心级与现场级综合监控系统维修计划,维修范围应包括中央级调度与控制层、现场级设备层、传输系统等。

10.5.3 综合监控系统的子系统应信息共享、协调运作,应具有全线正常、故障、应急运营场景下的联动功能。

10.5.4 综合监控系统的信息安全防护功能应保持正常,并应符合 GB/T 22239 的有关规定。

10.5.5 在正常情况下,火灾自动报警系统所有设备应处于自动、联动位置。

10.5.6 运营单位在进行火灾自动报警系统维护及故障检修时,应将警铃、消防联动设备控制模块等进行隔离,并应设置防护措施。

10.6 智能运维系统

10.6.1 运营单位宜通过智能运维系统的设备监测、资产维护、工单管理、点巡检管理、车场运作、物资管理、生产报表等功能模块,辅助支持日常的运营维护活动。
10.6.2 运营单位宜利用智能运维系统的维修知识库、智能诊断、大数据分析等工具,分析判定设施设备故障原因和处理措施。

10.7 自动售检票系统

10.7.1 运营单位应确保自动售检票系统保持正常工作状态,宜实现自动售检票系统的交通一卡通互联互通。
10.7.2 运营单位应制定自动售检票系统信息安全管理规定,应采取有效措施确保数据安全。

10.8 电梯与自动扶梯

10.8.1 电梯、自动扶梯的使用管理与日常维护保养应符合 GB/T 34146、TSG T5002 的有关规定。
10.8.2 电梯、自动扶梯维护保养完成后,应进行试运转,试运转应由维修人员负责执行。
10.8.3 维护人员应对电梯、自动扶梯的井道、巷道内杂物和易燃物进行清理。

10.9 站台门

10.9.1 运营单位应对站台门进行日常检查,并应符合下列规定:
- a) 门体外观完整无损,门体与玻璃安装牢固,门体玻璃无划伤、裂痕;
- b) 开关门平滑正常,无异响,无异味,无异常振动;
- c) 就地控制盘牢固,外观完好;
- d) 状态指示灯显示、蜂鸣器声音正常。

10.9.2 运营单位加装的防踏空胶条和其他防夹装置等不得

侵界。

10.9.3　运营单位应确保站台门的安全标识和紧急情况操作说明齐全、清晰。

10.10　给排水与消防系统

10.10.1　运营单位应确保给排水系统保持正常工作状态，并定期对废水处理系统进行水质监测。

10.10.2　运营单位应确保给排水管道畅通，定期清除排水沟、集水池和化粪池内的沉积物。

10.10.3　运营单位应建立消防设施运维管理制度，定期对消防设施进行巡查、维护保养和检测，并应符合 GB 25201 的有关规定。

10.10.4　运营单位应建立消防安全责任体系，确定专(兼)职消防安全员，明确消防安全职责。

10.10.5　运营单位应确保消防设施、设备、器材和安全疏散通道保持正常使用状态。

10.10.6　运营单位不得擅自停用或挪用消防设施，使用消防设施后，应进行全面检修，保证消防设施满足使用功能。

10.11　通风空调系统

10.11.1　运营单位应充分利用自然冷源，确定通风空调方式。

10.11.2　运营单位在通风空调系统新投入运用，以及高温季节、高湿度季节、气候异常时，应加强巡检。

10.11.3　运营单位应定期测试通风空调系统的正常、火灾场景运行模式。

11　土建设施管理

11.1　一般要求

11.1.1　运营单位应制定轨道梁、轨道梁桥、房屋建筑、道岔与车挡、线路附属工程等土建设施的运维管理制度、检修规程、专项维修计划和维修模式。

11.1.2 运营单位应建立土建设施竣工图纸、验收移交遗留问题清单、维护保养手册、故障记录及日常维修记录等土建设施的基础资料档案管理制度。

11.1.3 运营单位发现土建设施出现异常情况并影响运营时,应及时采取应急措施,并应在获得批准后再实施修理工程。

11.1.4 运营单位应巡查线路的封闭情况,当其他交通设施上跨线路时,应设置安全防护设施防止上方异物侵入;当线路与其他交通设施共建于同一平面且相邻时,应在线路两侧设置安全防护和防侵入设施。

11.2 轨道梁、轨道梁桥与房屋建筑

11.2.1 运营单位应对轨道梁进行检查、检测及维护,确保轨道梁的平纵曲线线形、高程、超高、线间距及伸缩缝尺寸等在允许误差范围内。

11.2.2 运营单位应对轨道梁钢构件进行检测和维护,确保强度、刚度、耐久性和稳定性符合使用要求,并应实施防火、防腐等防护措施。

11.2.3 运营单位应对轨道梁桥相关部件进行检查、检测和维护,确保结构的硬度、刚度和耐久性处于设计指标范围内,确保结构的排水通畅。

11.2.4 运营单位应对房屋建筑进行检查和检测,确保结构的强度、刚度和耐久性处于设计指标范围内;对建筑装饰装修设施进行巡检,确保安全牢固;对结构防水进行巡检,确保可靠;对排水设施进行巡检,确保通畅。

11.2.5 运营单位宜建立轨道梁相关结构工程的沉降监测系统。

11.3 道岔与车挡

11.3.1 运营单位应制定道岔和车挡的运维管理制度和技术状

态评定标准。

11.3.2 运营单位应对道岔进行检测和维护,发现异常情况时应进行维修,维修后应进行道岔与信号的联合测试,测试合格后再投入运用。

11.3.3 运营单位应对道岔区采取畅通排水、防寒防冻措施,确保道岔保持正常工作状态。

11.3.4 运营单位应对车挡进行检测和维护,确保车挡保持正常工作状态。

11.3.5 运营单位应确保道岔与控制柜之间、控制柜与电源及信号源之间的通路顺畅。

11.4 线路附属工程

11.4.1 运营单位应对线路附属工程进行检查,确保线路附属工程完好。

11.4.2 运营单位应确保线路工程的基标、线路及信号标识、安全标识等附属设施的完整性、完好性、可视性和清晰度。

12 人员管理

12.1 一般要求

12.1.1 运营单位宜通过岗位职责复合、乘客自助服务及部分服务外包等形式实现人力资源的优化。

12.1.2 运营单位应制定岗位技能要求和工作标准,对运营人员进行岗前培训,对合格人员颁发上岗资格证。运营人员应持证上岗。

12.1.3 运营单位运营人员应接受全自动运行系统的理论知识、全自动运行场景、用户手册的专项培训。

12.1.4 运营单位应制定年度教育培训计划,开展培训并建立培训档案。

12.1.5 运营单位应对在岗人员进行复训和考核。

12.1.6 在线路运行等级、设备功能和规章制度等条件发生变化时，运营单位应组织对相关岗位人员进行专项培训与考核。

12.1.7 运营单位各岗位责任人和安全生产管理人员应接受安全培训，初次安全培训时间不应少于32学时，每年再培训时间不应少于12学时。

12.1.8 运营单位应对参与突发事件应急处置及救援的人员进行业务培训并组织演练。

12.1.9 运营单位应为从事存在职业危害因素岗位的人员提供职业健康体检。

12.1.10 运营单位应组织脱离原岗位6个月及以上或发生行车事故或安全事故的人员进行身体检查，并应重新进行业务知识和安全知识培训，且经考核合格后再安排上岗。

12.2 调度人员

12.2.1 值班主任应接受行车调度、设备调度、乘客调度等培训，经考核合格后持证上岗。

12.2.2 行车调度员应接受运营调度、行车组织、列车和设备远程监控、施工管理及应急处置等培训，经考核合格后持证上岗。

12.2.3 设备调度员应接受设施设备维修管理、应急处置、车辆故障排查及远程处置等培训，经考核合格后持证上岗。

12.2.4 乘客调度员应接受车载监控及通话设备操作方法、客运调度和车站监控流程、车站设备监控和管理方法等培训，经考核合格后持证上岗。

12.3 司乘人员

12.3.1 司乘人员应接受列车驾驶、列车故障应急处理、车站运作、乘客服务、乘客紧急疏散、急救技能、票务服务及车站设备故障处理等培训，经考核合格后持证上岗。

12.3.2 司乘人员应服从运营控制中心调度，对列车及车站进行巡视,配合调度人员开展客运服务工作。

12.3.3　司乘人员驾驶或操作列车应符合下列规定:

a）接受安全驾驶知识、行车设施设备知识、行车组织规程等培训,上岗前应接受驾驶车型的基本构造、一般故障处理及所行线路的行车组织和应急处置等培训;

b）接受车辆故障、火灾等险情的模拟操作训练。

12.3.4　司乘人员班前 8 h 严禁饮酒或服用影响精神状态的药物,应保持健康的身体状态。

12.4　其他人员

12.4.1　票务人员应接受票务业务流程管理、清分交易处理、清分结账和验证、结算及分账工作等培训,经考核合格后持证上岗。

12.4.2　维修人员应具有相关专业工作技能,并应熟悉岗位操作流程和工作要求。

12.4.3　特种设备作业人员上岗前应参加专业培训,并应取得从业资格证。

13　安全管理

13.1　一般要求

13.1.1　运营单位应坚持“安全第一、预防为主、综合治理”的运营安全生产方针,确保乘客和员工人身安全。

13.1.2　运营单位应设置安全生产管理机构,配备专(兼)职安全生产管理人员并持证上岗。运营单位应按规定足额提取运营安全管理经费并依规列支。

13.1.3　运营单位应建立健全安全生产责任制,实行安全生产目标分级管理;应建立健全安全生产目标考核与奖惩机制,并应逐级落实安全生产目标责任,且应加强监督考核。

13.1.4　运营单位应对运营人员进行劳动保护,包括防尘、防毒、防辐射、防噪声、防疫、防寒保暖和防暑降温。

13.1.5 运营单位应对全自动运行线路重点部位和重大隐患点制定运营安全策略。

13.1.6 全自动运行线路投入运营前,应通过初期运营前的安全评估。

13.1.7 运营单位应建立风险管控机制与隐患排查机制,识别并排查不同运行模式下的安全风险与隐患,并采取相应的管控措施。

13.1.8 运营单位应建立健全安全检查机制,明确 UTO 模式、DTO 模式下的全自动运行区域和非全自动运行区域的安全检查要求和内容,宜利用信息化、智能化等技术手段开展安全检查。

13.1.9 在线路运行模式变更前,运营单位应对行车组织规则、岗位要求、设施设备可靠性、应急预案及应急能力等内容进行安全评估。

13.1.10 全自动运行线路在初期运营满一年后,运营单位应向城市轨道交通运营主管部门报送初期运营报告。线路通过由主管部门组织的正式运营前安全评估后,运营单位方可依法办理正式运营手续。

13.2 安全管理制度

13.2.1 运营单位应建立健全安全生产制度,保证安全生产工作制度化、规范化和标准化。

13.2.2 运营单位应实行安全事故责任追究制度,严格进行事故调查处理。

13.2.3 运营单位应建立突发事件逐级报告制度,并按照制度要求报告突发事件。

13.2.4 运营单位应制定易燃、易爆等危险物品的安全使用、存放的管理办法。

13.2.5 运营单位应审查各项安全规章制度、操作规程及检修作业指导书中与安全相关的规定,并根据审查意见,对安全规章制度、操作规程及检修作业指导书进行修订。

13.3 安全风险管理

13.3.1 运营单位应建立健全安全风险管理制度,对人员,全自动运行线路设施、设备、环境和管理制度等风险因素进行识别,建立重大安全隐患源台账。

13.3.2 运营单位应开展安全隐患排查工作,发现重大安全隐患源后应采取防控措施并及时报告。

13.3.3 运营单位应建立健全运营安全评价体系并开展安全评价工作。

13.3.4 运营单位应建立健全安全保护区的管理和监测机制,对安全保护区内的工程建设项目应实行签批制度,并应监测临近安全保护区的工程建设项目。

13.3.5 运营单位应开展工作场所职业病危害因素检测,并应对接触职业病危害因素的运营人员实行健康监护,且应制定相关防护措施,还应为运营人员配备劳动防护用品。

13.3.6 运营单位应对系统关键部位和关键设备进行监测,并应评估关键部位和关键设备对运营安全的影响。

13.4 安全教育

13.4.1 运营单位应建立健全安全教育培训制度。

13.4.2 运营单位应制定安全教育年度培训计划,并应开展安全教育培训工作。

13.4.3 运营单位应建立安全教育培训档案。

13.4.4 运营单位应对工作人员进行安全培训,未经培训或培训不合格的人员,不得上岗作业。

13.4.5 当采用新工艺、新技术、新材料,或使用新设备,或转岗时,运营单位应对相关岗位运营人员重新进行安全培训。

13.4.6 运营单位应开展典型事故案例分析和安全警示教育等活动。

13.5 安全检查

13.5.1 运营单位应组织开展安全检查,对安全检查中发现的问题,应制定整改措施、确定整改期限,并应进行整改和记录,实现闭环管理。

13.5.2 司乘人员在运营期间,应对车辆、乘客乘降、设备运行状态等进行安全巡查。

13.6 应急管理

13.6.1 运营单位应制定应急管理办法。

13.6.2 运营单位应编制突发事件应急预案,应组织运营突发事件应急演练。

13.6.3 运营单位应建立应急指挥体系和专(兼)职应急抢险队伍,配备应急物资及装备,保证应急物资及装备保持正常使用状态。

13.6.4 应急机制、应急预案、应急演练、应急物资及应急能力等应急管理体系中的各要素应涵盖不同运行模式的相关要求。

13.6.5 应急预案应涵盖不同运行模式及各类运营场景,并实现分级分类管理。

13.6.6 DTO 与 UTO 模式变更过渡期间,运营单位应有相应的应急预案予以保障。

13.6.7 运营单位应按照“统一指挥、逐级负责、先通后复、有效应对”的原则开展突发事件应急处置工作。

13.6.8 发生运营安全事件后,运营单位立即启动应急预案,并应实施应急抢险措施,在确保安全的前提下应先通后复,尽快恢复运营秩序,并应按规定报告。

13.6.9 发生运营安全事件后,事件现场处理负责人应保护现场,挽留事件见证人,保存事件可疑证物,查找事件线索及原因,记录事件现场情况。

13.6.10 在事故灾害处置过程中,运营单位应配合开展应急信息发布、交通管制、医疗卫生救助等工作。

13.6.11 当发生严重影响运营安全的自然灾害、恶劣气候或突发事件时,运营单位应立即启动应急预案,并应组织停运或部分停运,且应报告和公告。

13.6.12 应急处置完成后,运营单位应对系统进行安全检查,经检查评估合格后再恢复运营。

13.6.13 运营单位应根据法律法规和标准的变动情况、应急指挥体系与职责的调整情况、安全生产条件的变化情况、预案演练和事故救援中发现的问题,修订应急预案。

附　录　A
（规范性）
主要运营指标

表 A.1 规定了主要运营指标。

表 A.1　主要运营指标

运营指标	计量单位
客运量	万人次/年、万人次/月、万人次/日
运营里程	列公里/年、列公里/月、列公里/日
开行列次	万列次/年、列次/年
运营收入	百万元/年、万元/年
票务收入	百万元/年、万元/年
运营总成本	百万元/年
耗电量	万千瓦时/年
列车正点率	%
列车运行图兑现率	%
有效乘客投诉率	次/百万人次
列车服务可靠度	万列公里/次
列车退出正线运营故障率	次/万列公里